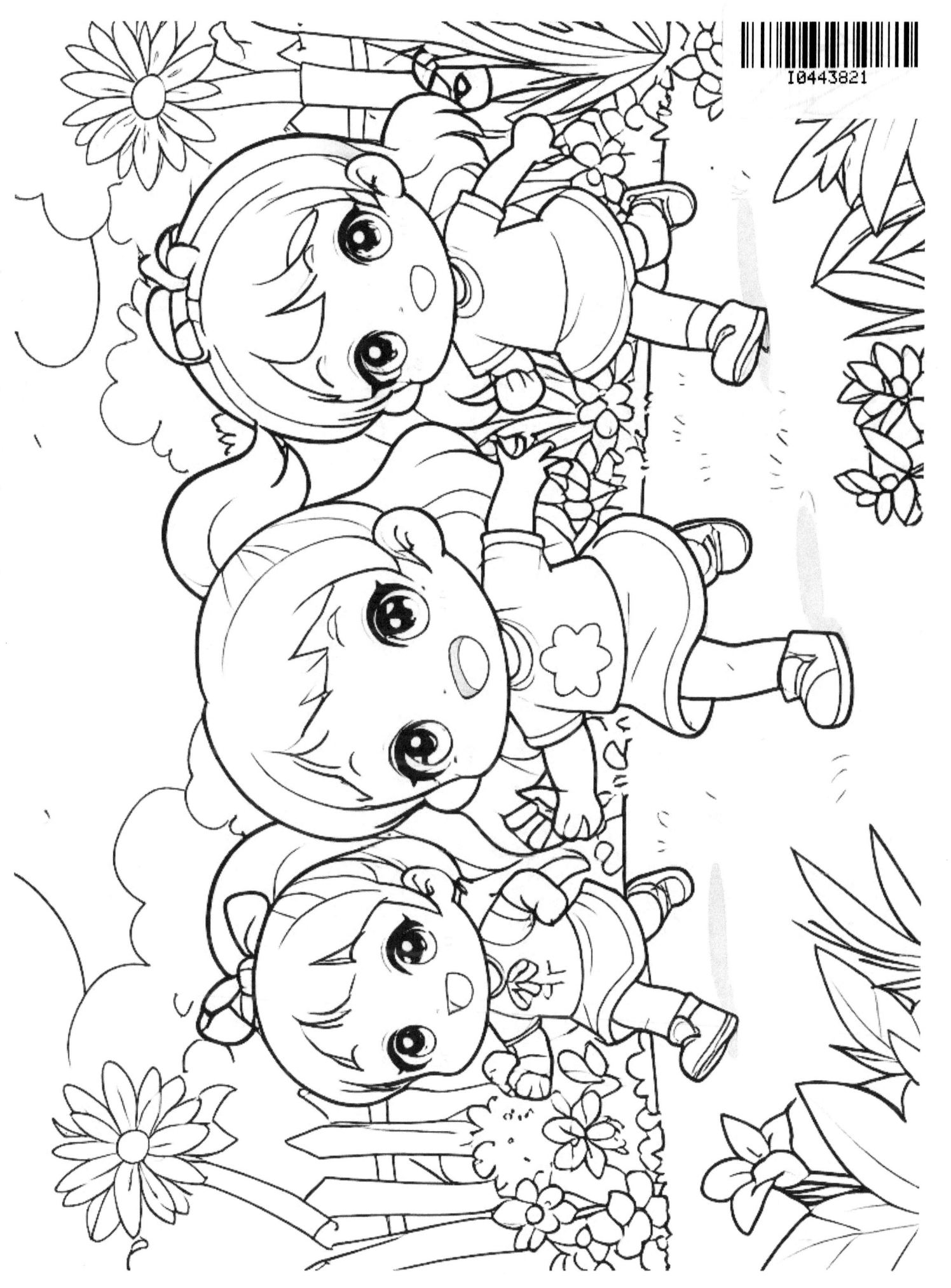

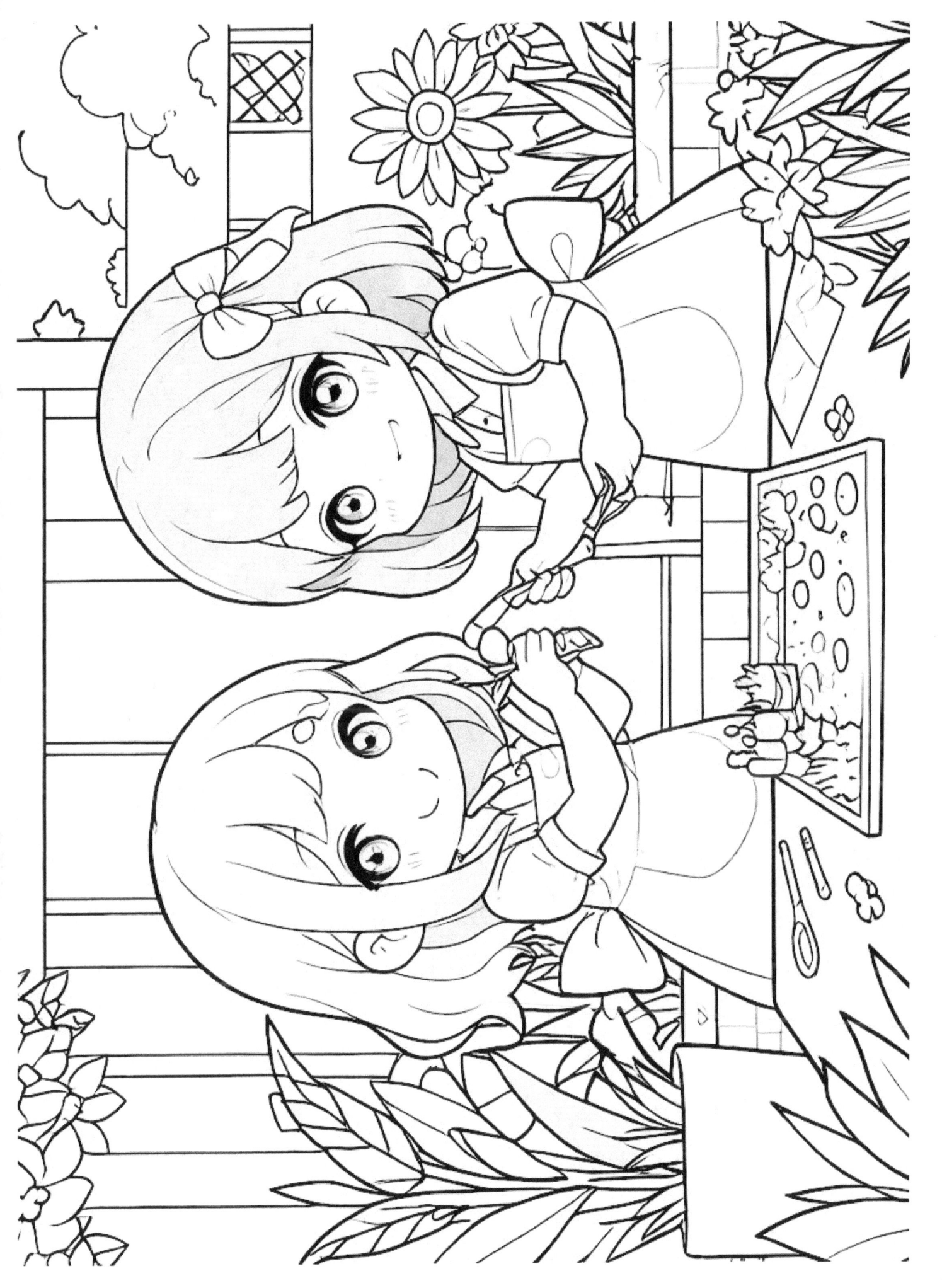

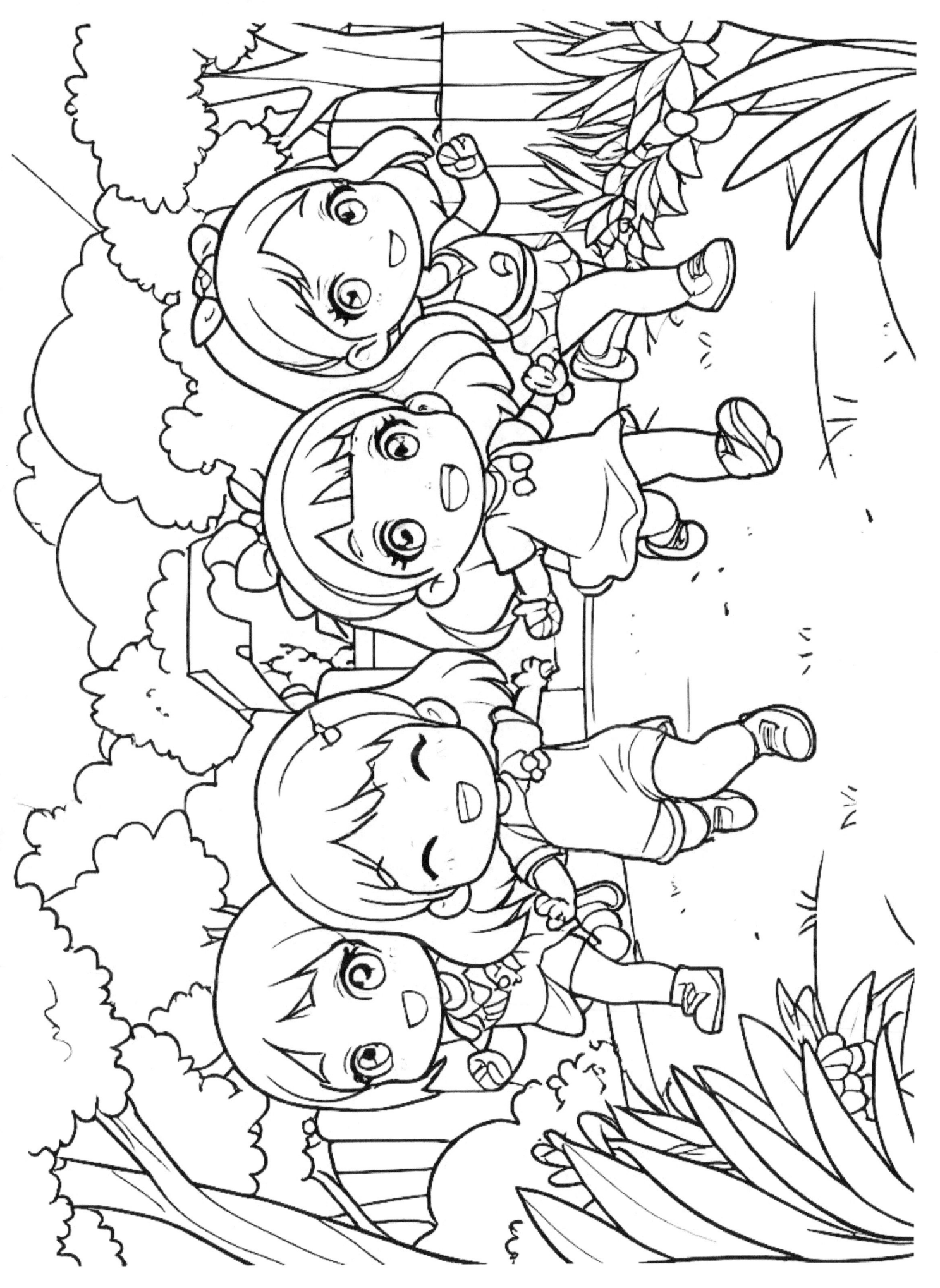

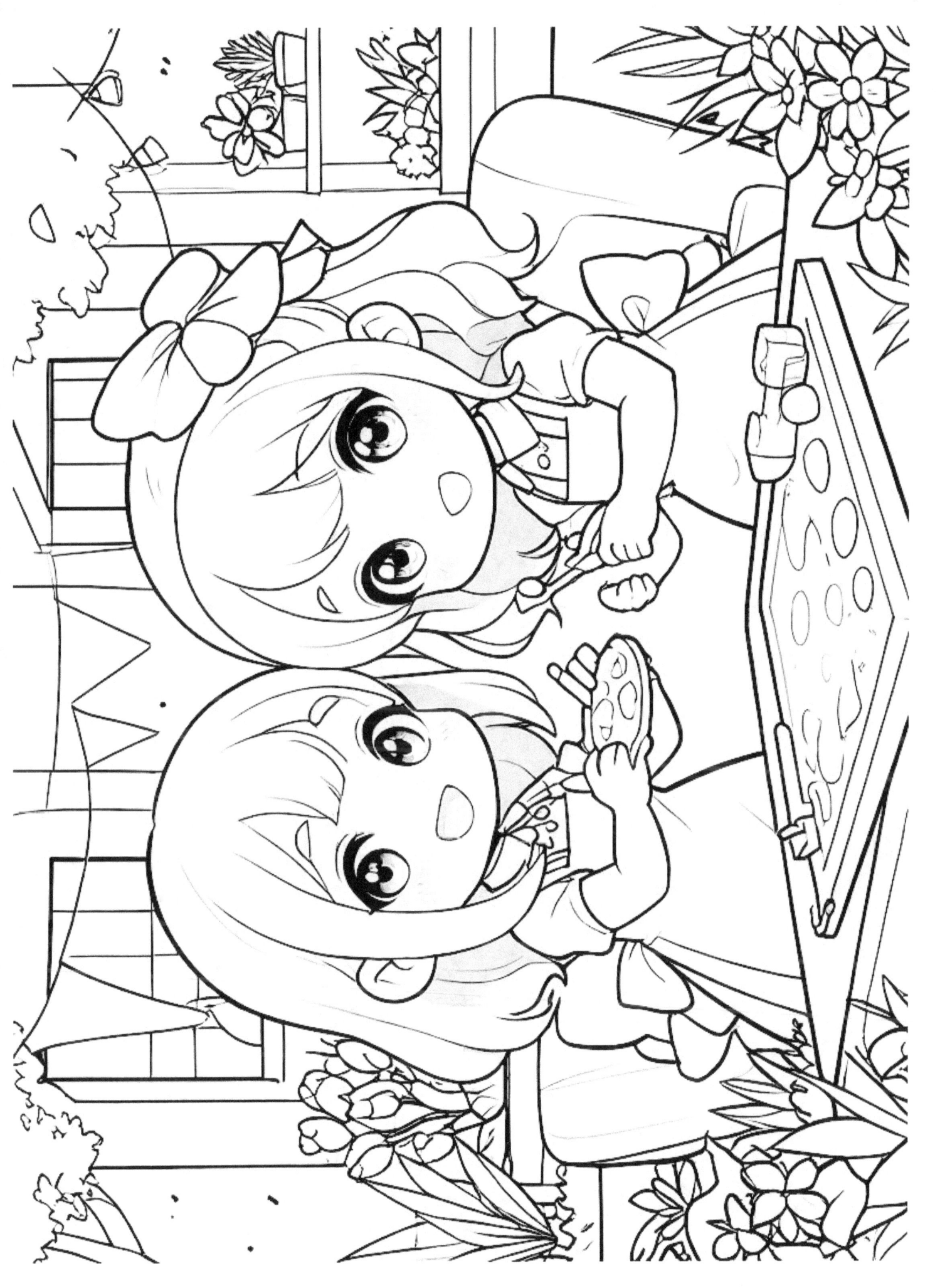

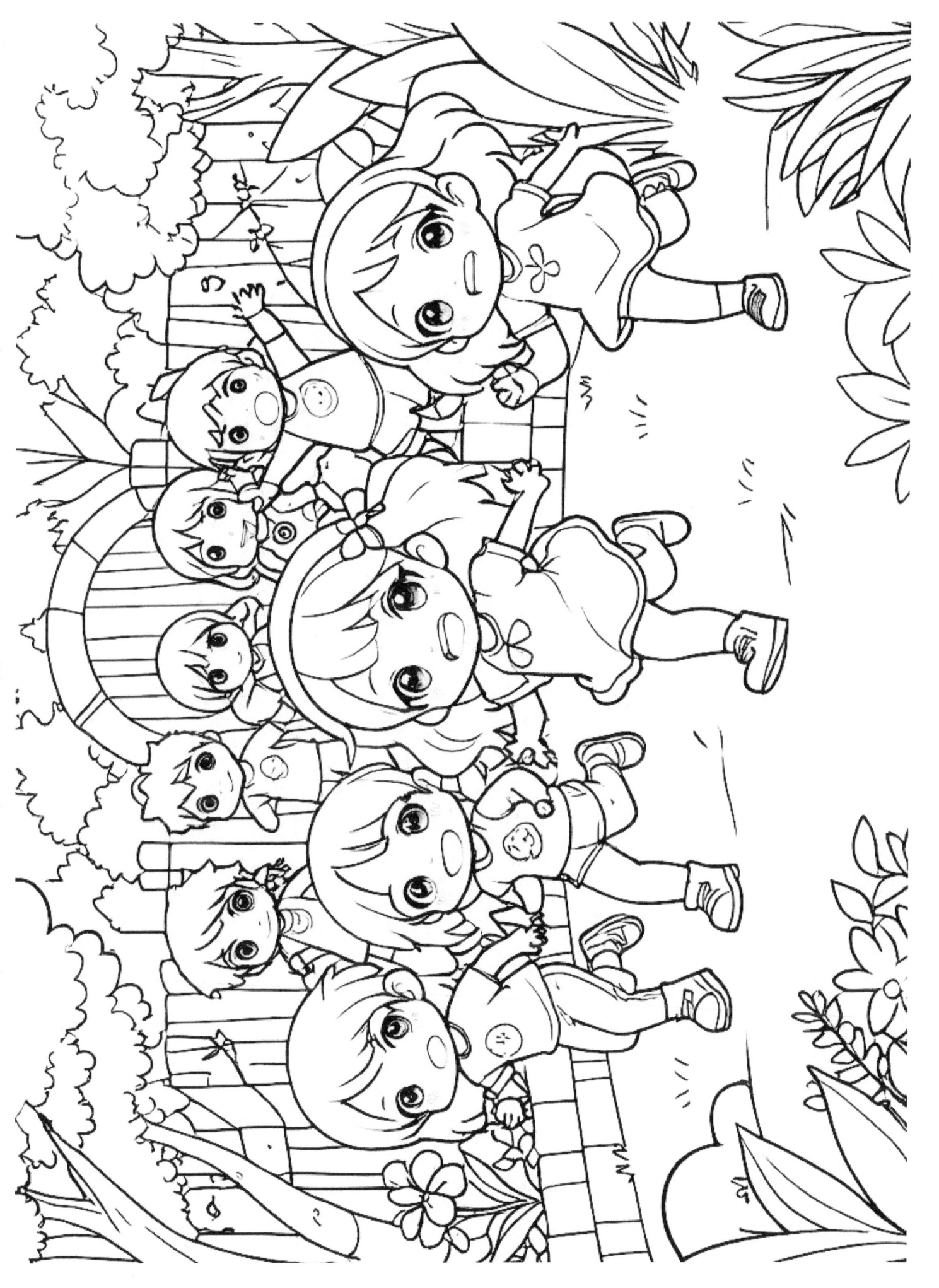

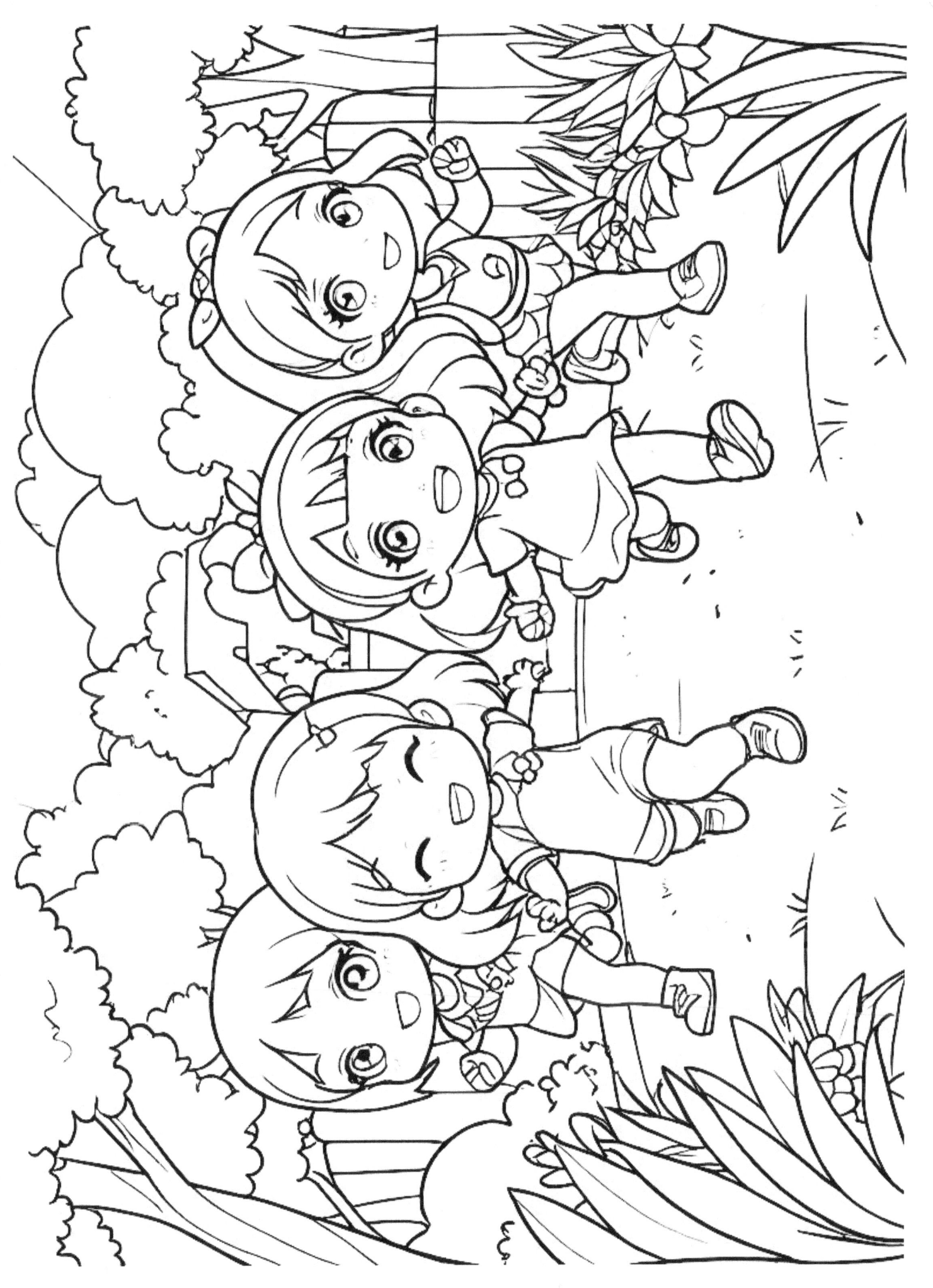

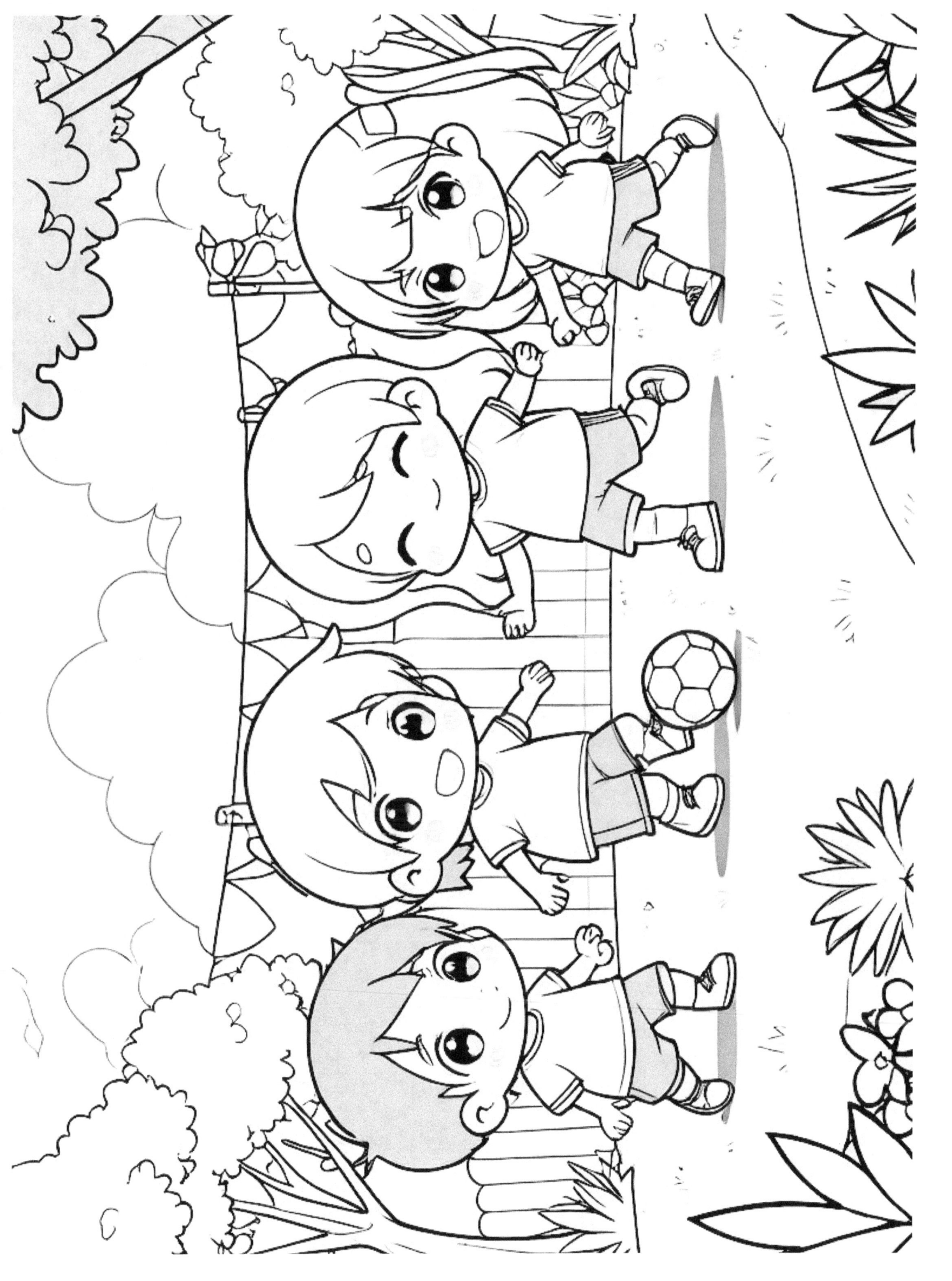

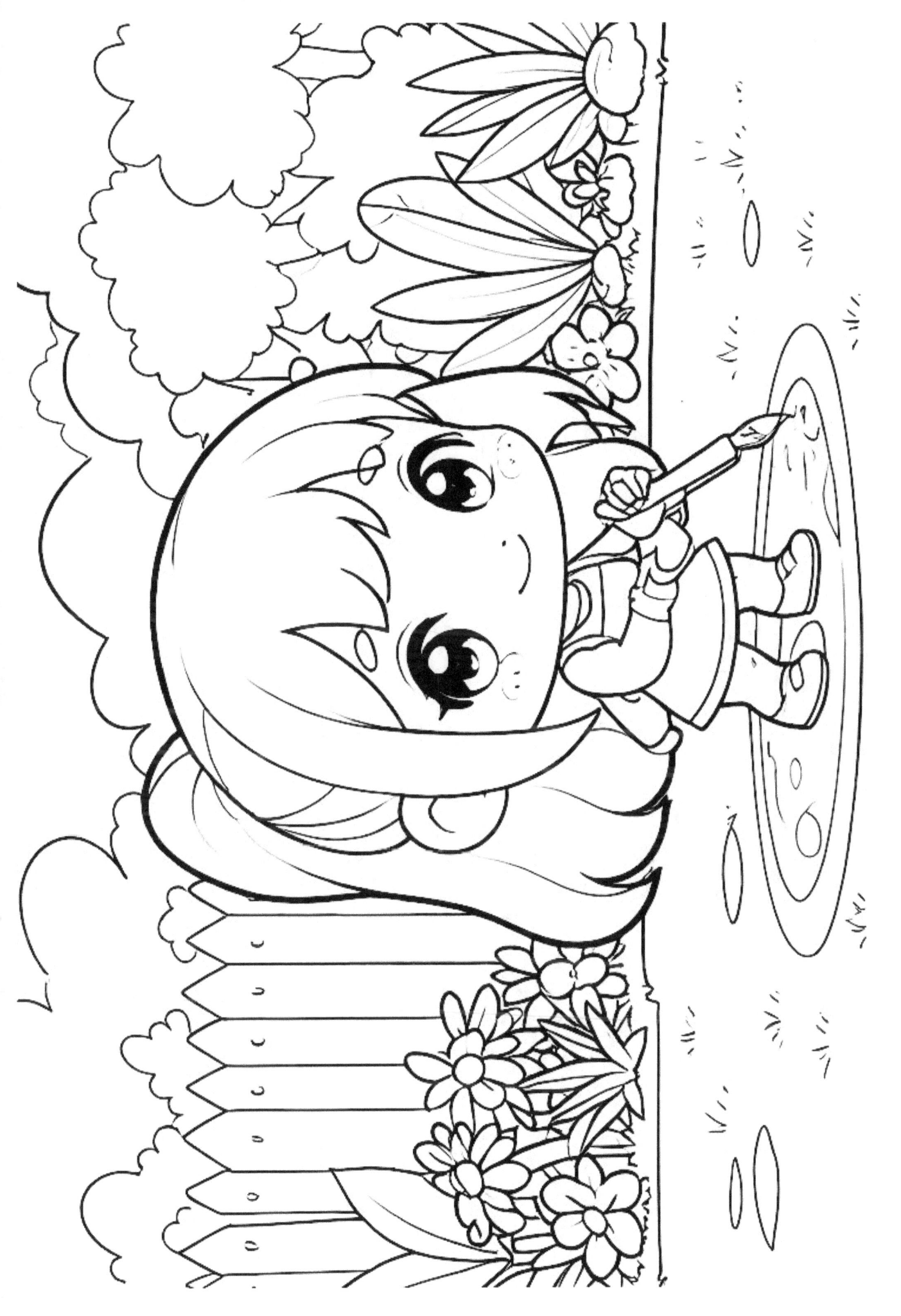

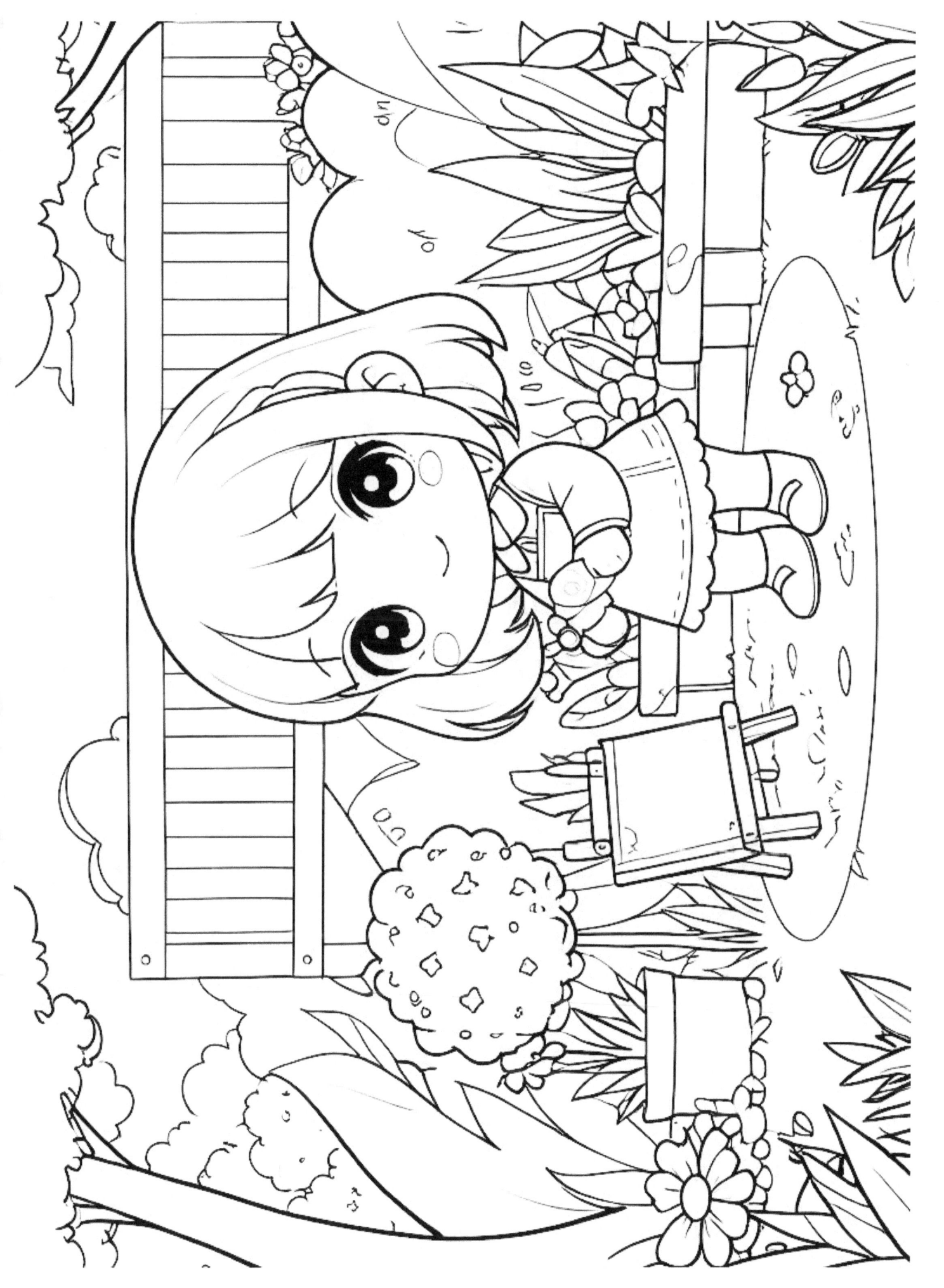

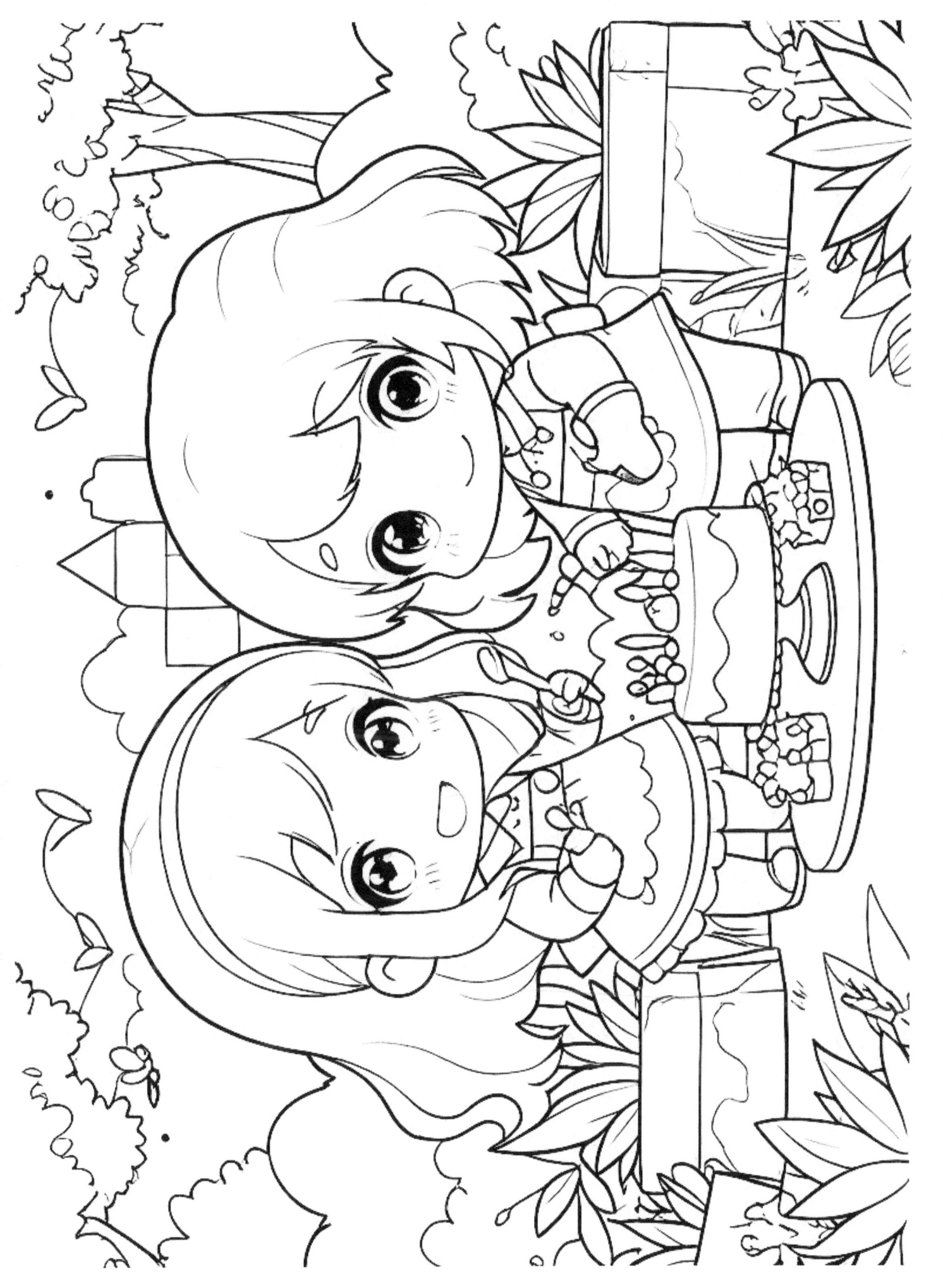

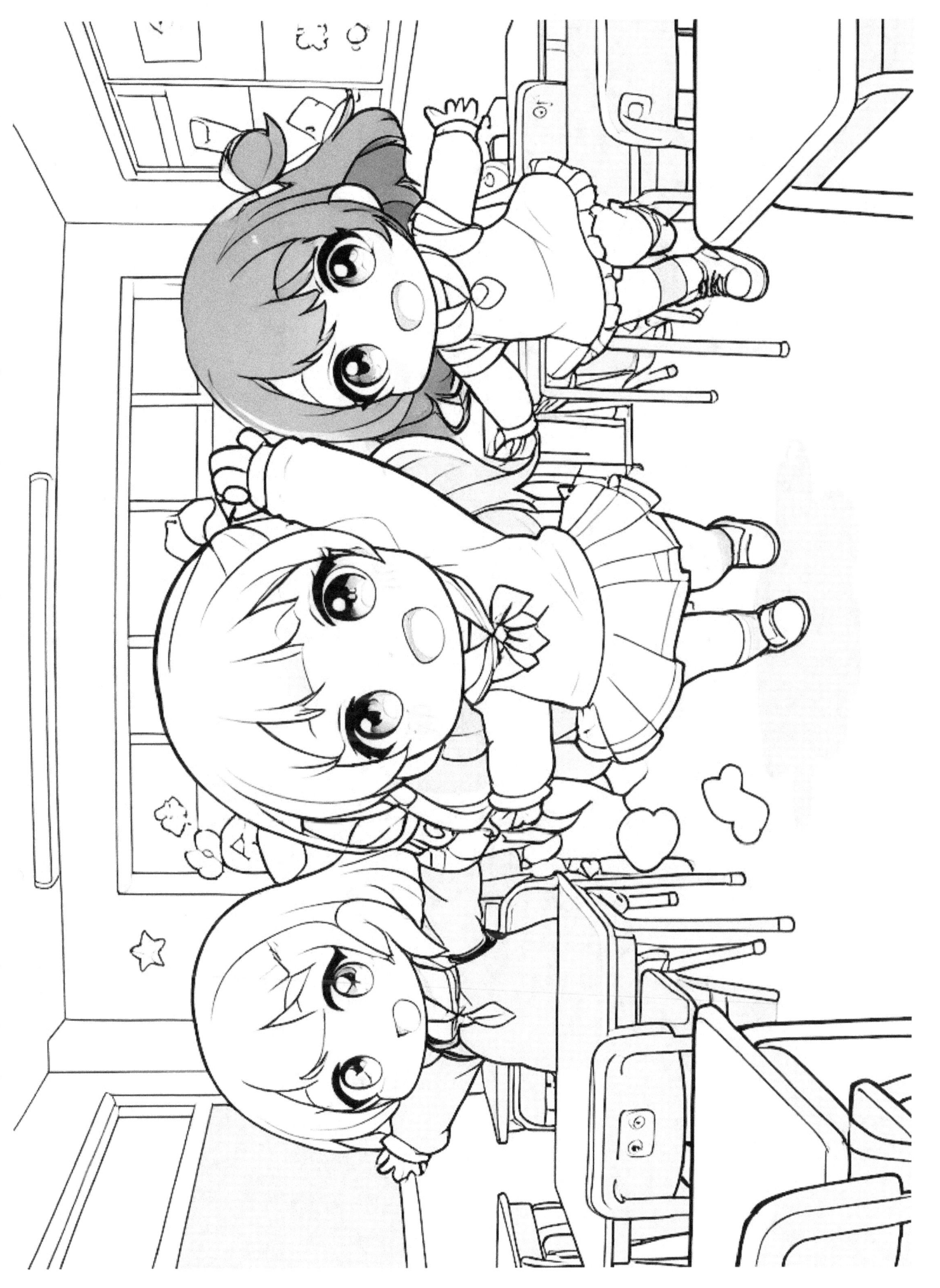

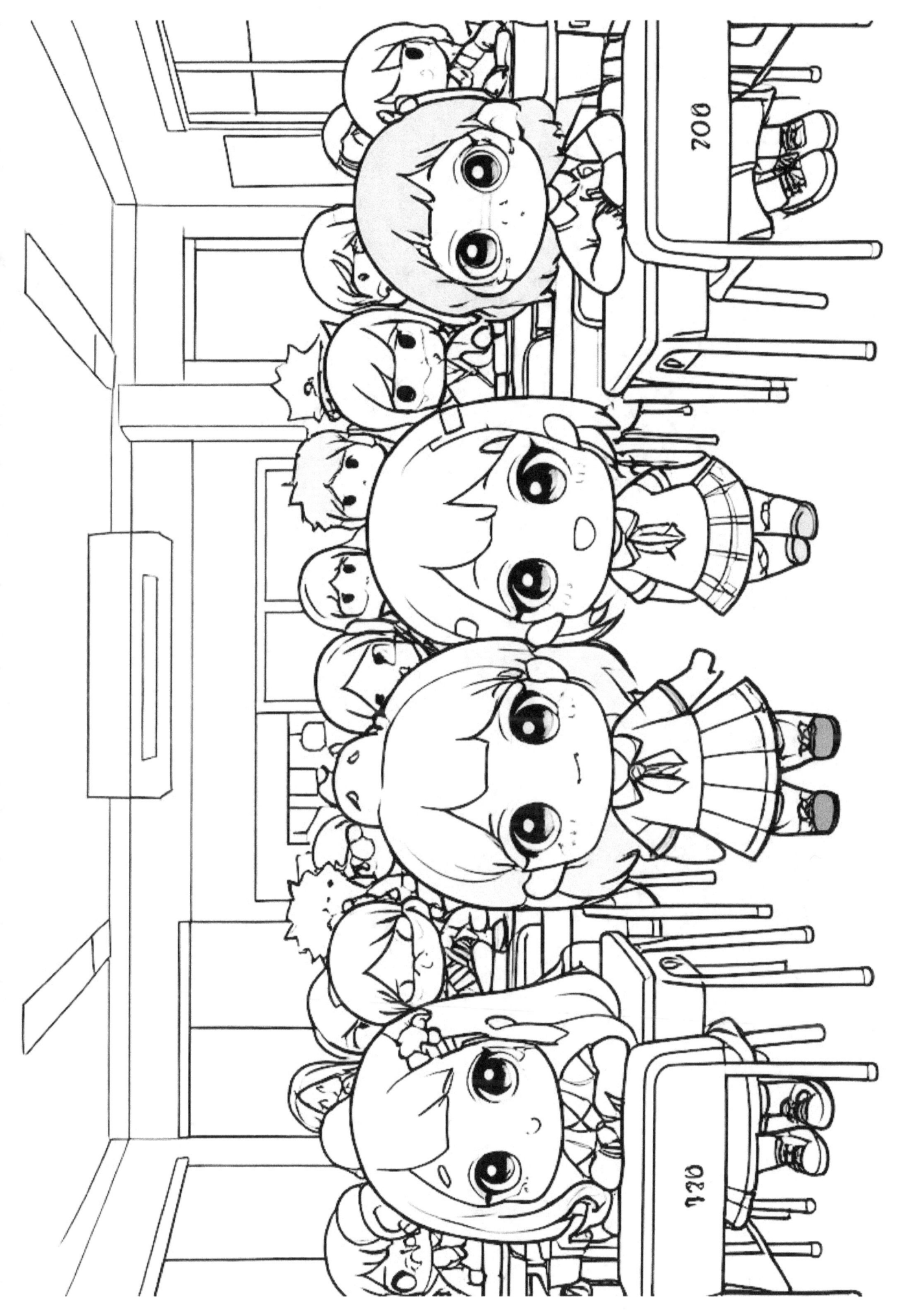

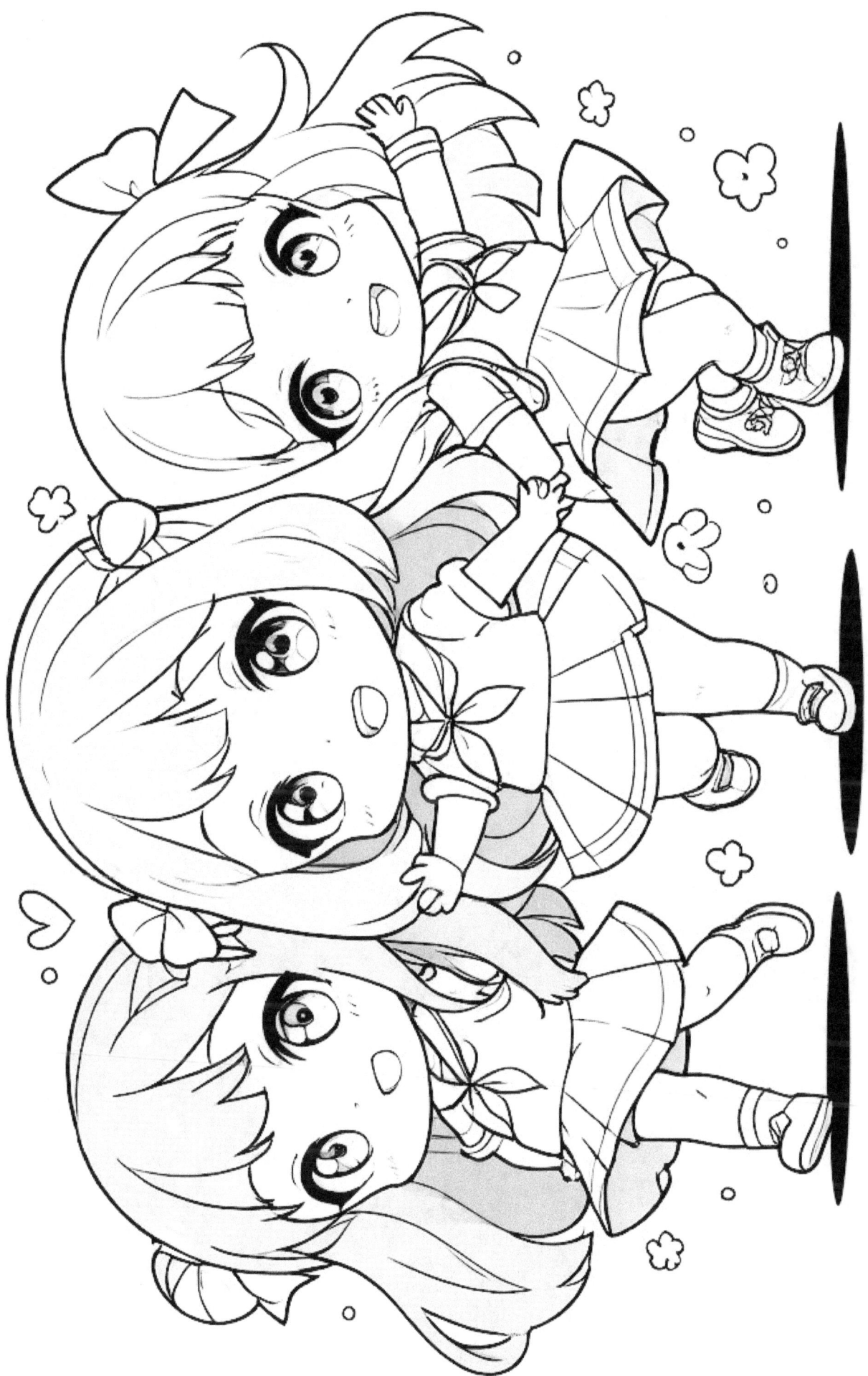

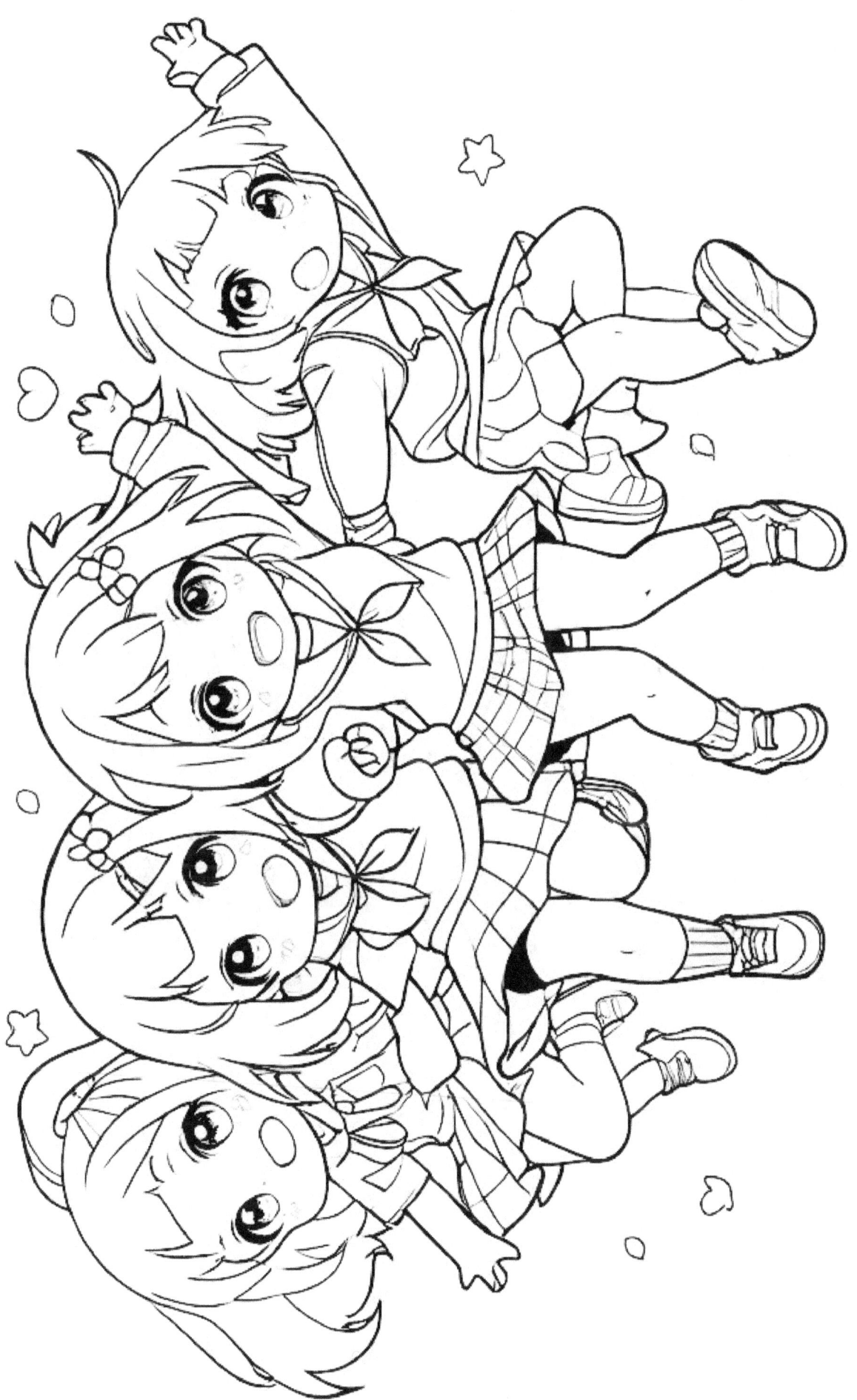

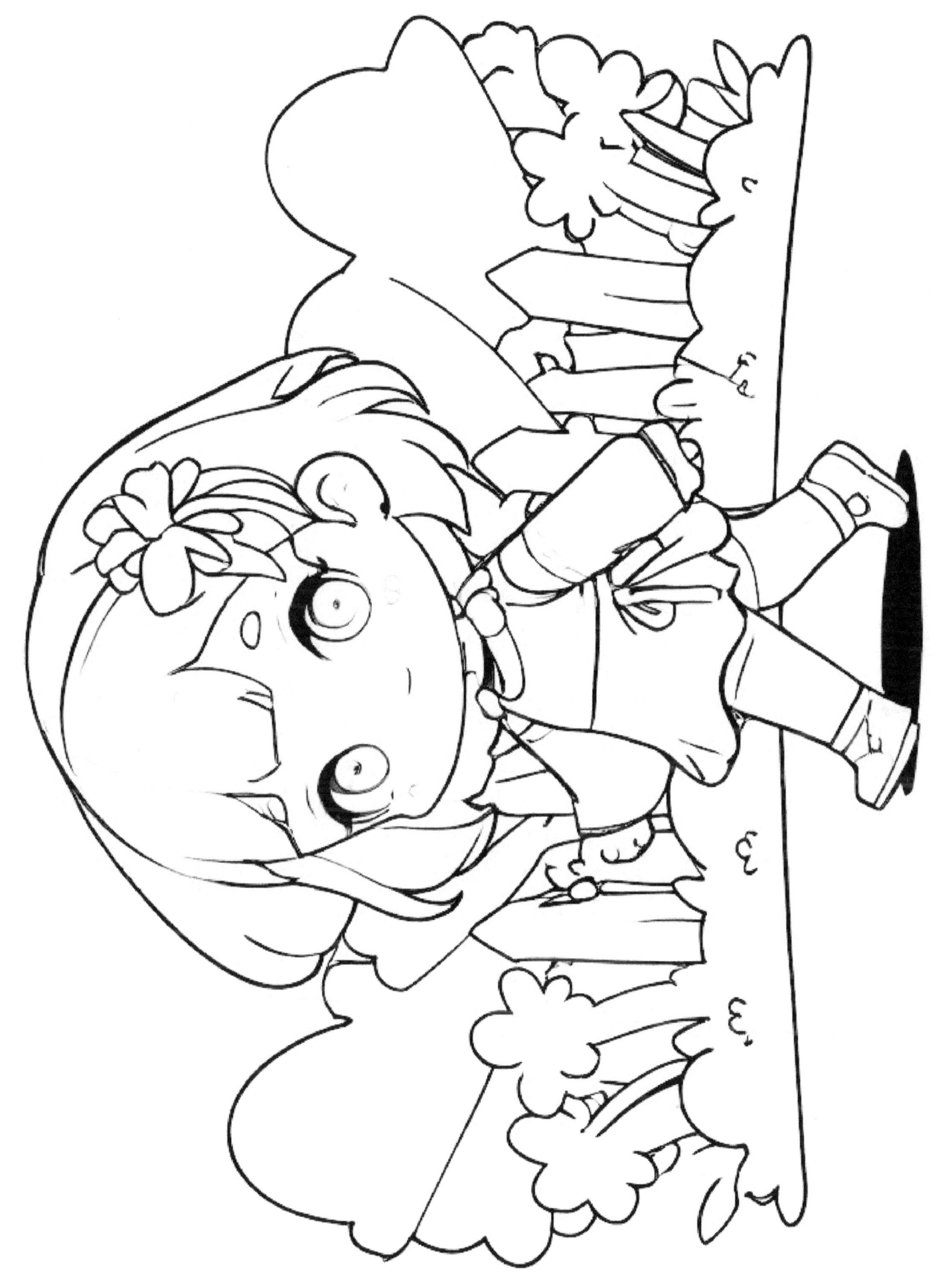

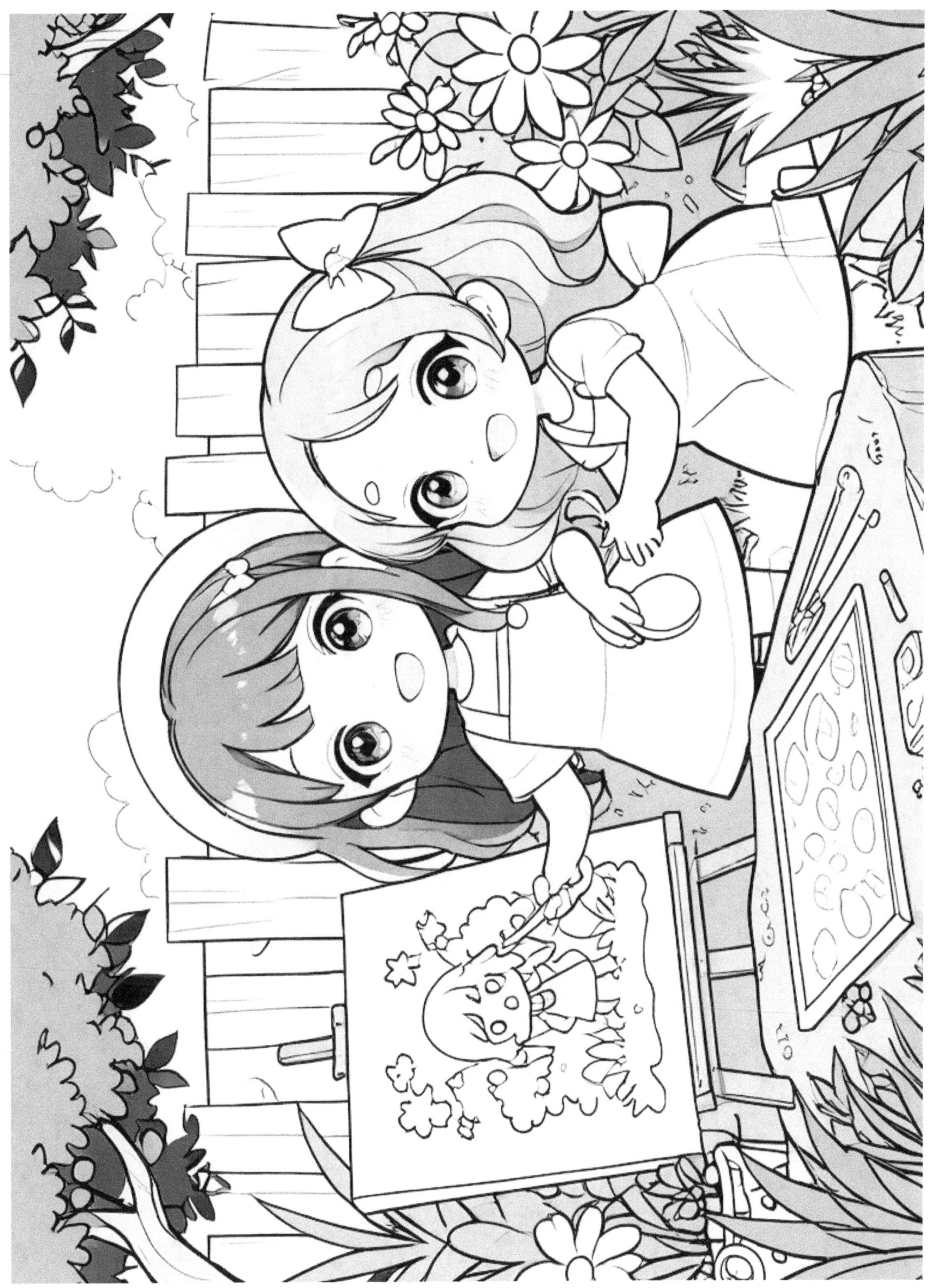

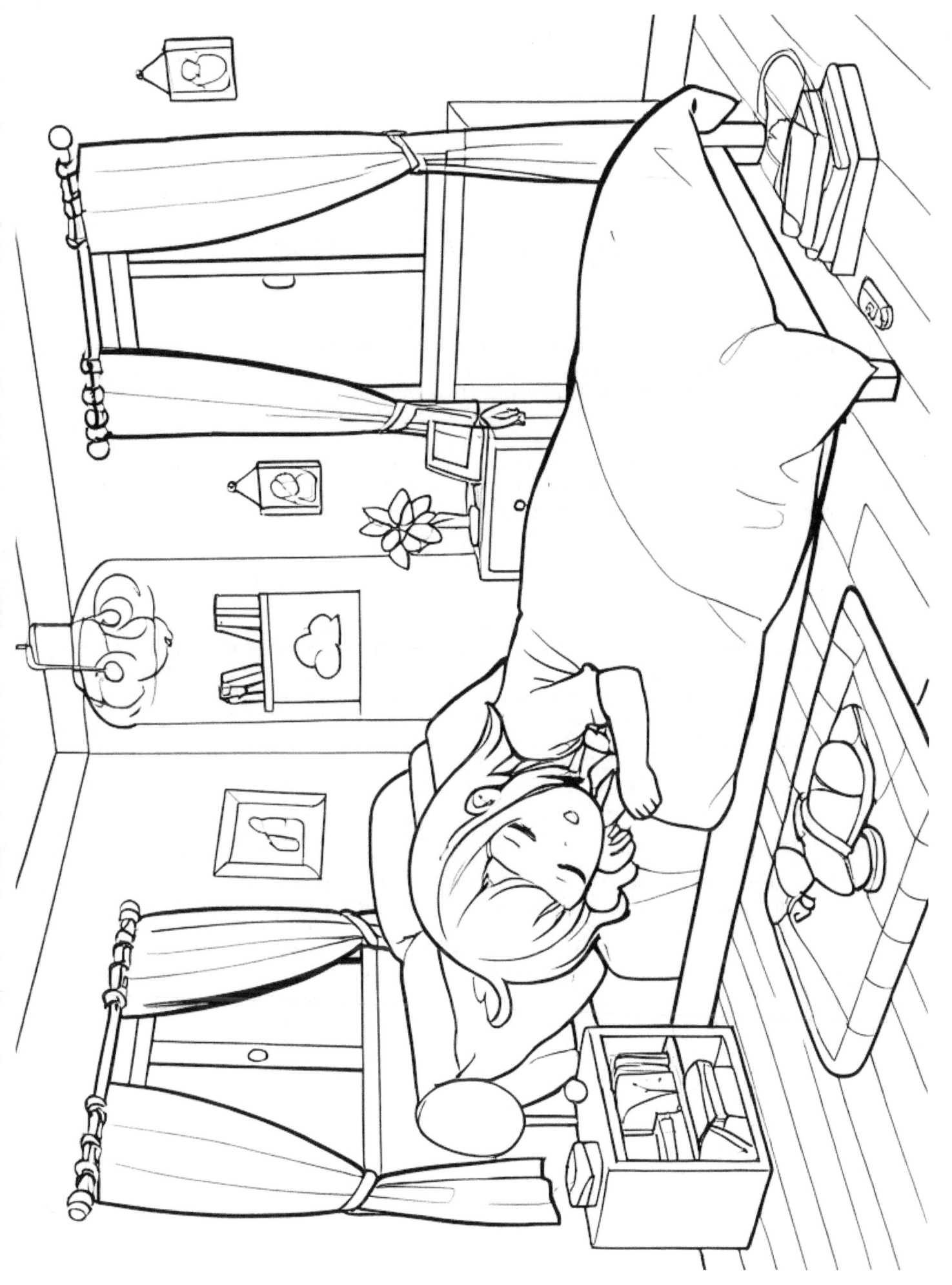

Warning / 警告 / Aviso

ING:
- No part of this publication may be reproduced, distributed, or transmitted in any form or by any means, including photocopying, recording, or other electronic or mechanical methods, without the prior written permission of the publisher, except in the case of brief quotations embodied in critical reviews. Any unauthorized replication of this work is prohibited.

Alert: All images were generated by Artificial Intelligence (AI). The entire process of programming, command prompts, and curation were carried out by the artist Alan Kosume, as well as the editing and finalization of the work. Therefore, the artist's use of the tool constitutes an intellectual work and not something created automatically by machines.

***

JaP:
- 本出版物のいかなる部分も、批評に組み込まれた簡単な引用を除いて、出版社の事前の書面による許可なく、複写、録音、その他の電子的または機械的な方法を含むいかなる形式または手段によっても複製、配布、または送信することはできません。本作品の無断複製は禁止されています。

警告: すべての画像は人工知能（AI）によって生成されました。プログラミング、コマンドプロンプト、キュレーションのプロセス全体は、アーティストのAlan Kosumeによって行われ、作品の編集と仕上げも行われました。したがって、アーティストがツールを使用することは知的作品を構成するものであり、機械によって自動的に作成されたものではありません。

***

PT-BR
- Nenhuma parte desta publicação pode ser reproduzida, distribuída ou transmitida de qualquer forma ou por qualquer meio, incluindo fotocópia, gravação ou outros métodos eletrônicos ou mecânicos, sem a permissão prévia por escrito do editor, exceto breves citações incorporadas em resenhas críticas. Qualquer réplica não autorizada desta obra é proibida.

Alerta: Todas as imagens foram geradas por Inteligência Artificial (IA). Todo o processo de programação, prompts de comandos e curadoria foram realizados pelo artista Alan Kosume, bem como a edição e finalização da obra. Portanto, o uso da ferramenta pelo artista configura uma obra intelectual e não algo criado automaticamente por máquinas.